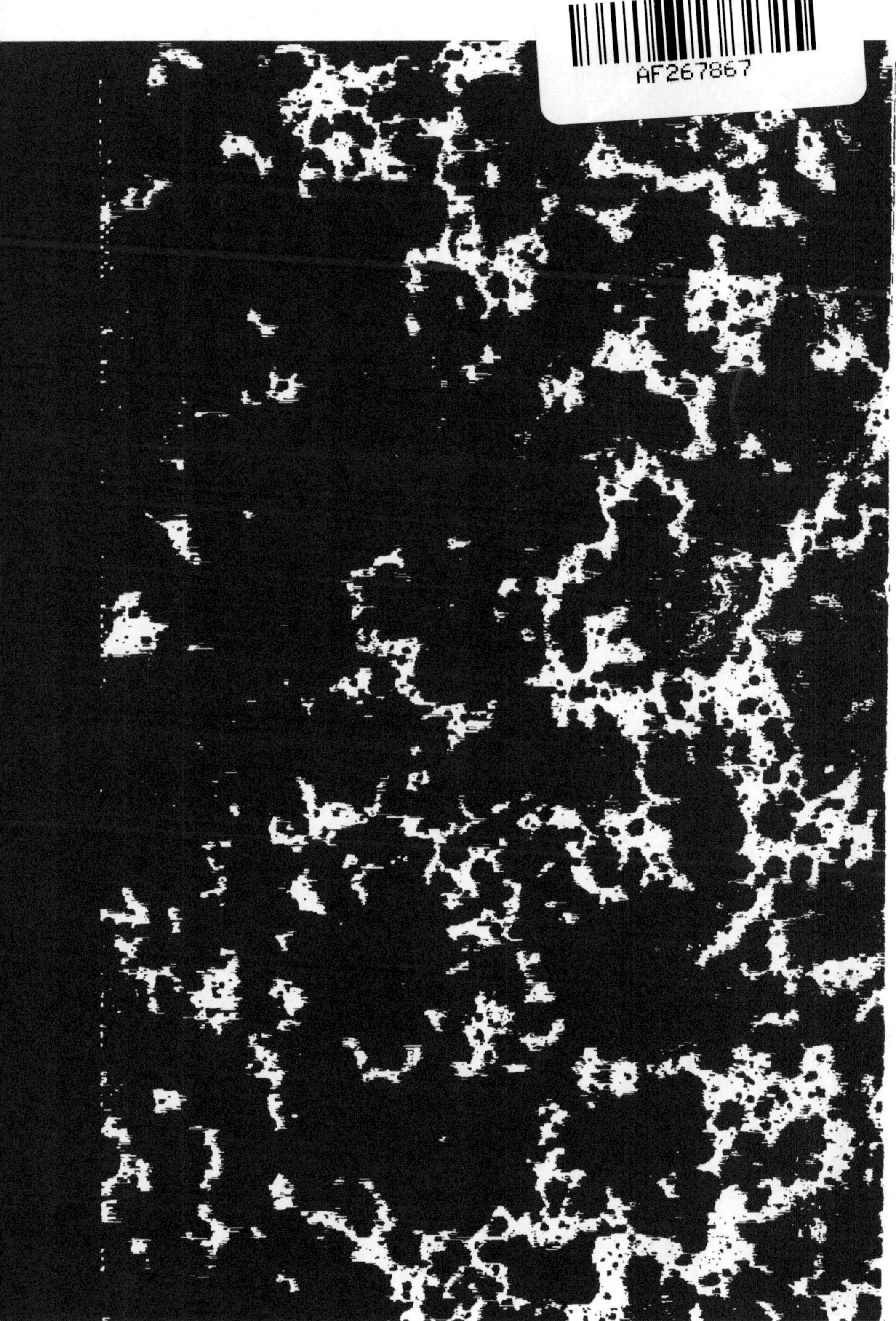

PROJET
D'UN PACTE SOCIAL

POUR LA FRANCE;

Par G. GABET, Avocat, membre du Collége électoral du département de la Côte-d'Or.

~~~~~~

PRIX : 75 CENTIMES, et 1 FR. FRANC DE PORT.

~~~~~~

A PARIS,

Chez BRUNOT-LABBE, libraire, quai des Augustins, n.° 33 ;

ET SE TROUVE

A DIJON, chez YON, libraire, place Impériale.

~~~~~~~~~~~~~~~

26 MARS 1815.
~~~~~~~~~~~~~~~

DE L'IMPRIMERIE DE CARION.

PRÉCIS

DES MOTIFS QUI ONT DÉTERMINÉ LE PLAN

DU PACTE SOCIAL

PROPOSÉ.

Les progrès de la civilisation, dans le dix-huitième siècle, ont fait sentir le besoin de donner au pacte social des bases posées sur des principes libéraux. L'intérêt du grand nombre de ceux qui fondaient leur fortune et leur considération sur les abus que l'on voulait détruire, y apporta la plus violente opposition : de là la révolution française. L'injustice du refus d'une demande légitime exaspéra les esprits : de là des prétentions ultra-révolutionnaires ; de là des principes démagogiques présentés comme des principes de liberté ; de là enfin la terreur et tous ses crimes. La France, fatiguée de ses secousses, mécontente de ses essais, tomba dans l'abattement et la stupeur ; elle desirait ij

toujours la liberté, mais elle se laissait donner des chaînes. Attachée au char de la victoire du plus illustre des héros que l'histoire présente à la postérité, elle fut éblouie par la grandeur de ses vues, par l'immensité de ses projets : elle devint conquérante. Mais, comme l'exagération de ses principes libéraux lui avait fait perdre la liberté, l'exagération de ses prétentions dominatrices lui fit perdre ses conquêtes : et un instant suffit pour lui ravir et le héros qu'elle admirait, et la grandeur gigantesque qu'elle avait acquise. De la grande nation qu'elle était, elle devint la petite nation que l'on mit encore sous la tutelle d'un roi. Ce monarque, nourri dans les préjugés que la France repoussait, entouré d'ennemis de la gloire nationale, et de suppôts du despotisme, crut, d'après leur insinuation, qu'il suffisait d'avoir accordé au peuple une constitution basée sur une apparence de liberté; mais qu'à l'aide de cette égide, il pouvait impunément, comme on avait fait autrefois pour la charte normande, détruire insensiblement la charte de restauration, et ramener, sans violence et sans secousse, au gouvernement d'où l'on était sorti.

Les Français, qu'il avait mal jugés, comprirent ses desseins; et, trompés dans leur attente, indignés de voir qu'on leur forgeait secrétement des fers pour les replonger dans leur antique esclavage, ils rongeaient impatiemment leur frein. L'indignation allait éclater contre leurs odieux opresseurs, lorqu'un prodige inoui, mille fois plus étonnant que les merveilles qui jusque-là avaient captivé l'admiration du monde, vint, comme un éclair, changer la face de la France. Le héros, l'ange tutélaire et vengeur, brise le premier sa chaîne et se montre à nos regards étonnés. A son apparition, les Bourbons disparaissent, la noblesse rentre dans la poussière; le despotisme est anéanti; le prestige de la vaine gloire est dissipé; les droits des peuples sont proclamés : et ce héros, qui naguères effaçait Alexandre, veut pour le bonheur des Français, pour le bonheur de l'Europe entière, surpasser les Titus, les Marc-Aurèle, les Henri IV; il veut, en monarque-citoyen, commander à un peuple souverain. Ce n'est point lui qui regarde la possession d'une couronne comme une propriété domaniale; ce n'est point lui qui affiche que les nations n'ont d'autres droits que ceux que le prince veut bien leur accorder. Appelé par l'ascendant de son génie, il veut cimenter son trône par des liens plus puissans encore; il veut régner par l'assentiment de la France entière, par l'amour de ses concitoyens, par le respect et la vénération pour sa personne; parce qu'il sait, lui, que les nations font les rois, et que les rois sont faits pour les peuples.

Convoqué, comme membre du collége de département, pour concourir au grand acte du pacte social, j'offre mon léger tribut. Si ce projet n'est pas conçu sur un plan majestueux, et proportionné aux lumières du siècle, l'on y verra au moins les vues d'un citoyen qui aime sa patrie, d'un citoyen qui voudrait la voir heureuse et tranquille à l'ombre de ses lauriers et de sa gloire.

Le mot de *constitution* a été tant de fois profané, qu'il est tombé dans l'avilissement; celui de pacte social m'a paru plus propre à son objet, et peindre mieux les liens qui attachent tous les membres de l'état entre eux.

Jusqu'à présent nos constitutions se sont bornées à établir quelques principes vagues et métaphysiques sur la composition du gouvernement et qui s'éclipsaient bientôt dans les lois que l'on appelait organiques : c'était un acte qui se prêtait à toutes les formes, et que l'on pouvait enfreindre avec sécurité. Le pacte d'une nation doit avoir, suivant moi, d'autres caractères ; il doit être assez développé pour que la législation du corps social soit en harmonie avec sa constitution. Les bases de cette législation doivent donc s'y trouver tellement posées, qu'il soit impossible au législateur de s'en écarter. Il doit être le catéchisme du citoyen ; c'est là où le Français doit puiser la connaissance de ses droits, la règle de ses devoirs, l'objet de ses espérances, le motif de son amour pour la patrie : ce sont les raisons qui m'ont fait donner à ce projet une étendue que n'ont pas toutes les constitutions qui ont précédé.

La nation réclame un pacte qui concilie également et la force de son gouvernement, et l'étendue de ses droits ; qui soit inviolable et sacré comme le monarque qu'elle met à sa tête ; qui n'ait pour régulateur que des citoyens sages et éclairés ; qui produise des lois protectrices du bien-être et de la vertu : voilà les règles qui m'ont servi de guides. Je n'ai pas toujours, dans cette marche , suivi l'essor de mon zèle ; quelquefois j'ai sacrifié le mieux au bien , et je me suis dit , comme Solon : Ne présentons pas les meilleures lois possibles, mais bien celles qui conviennent le mieux à nos mœurs.

La France a fait l'essai de toutes les formes de gouvernement , de toutes les institutions possibles. C'est donc à ces institutions prises , quittées , reprises , qu'il faut recourir encore. Innovons le moins que nous pourrons ; mais perfectionnons de tous les moyens que l'expérience nous a donnés.

I. Dans ce plan , le gouvernement a toute la force nécessaire pour faire le bien ; et si le ciel , dans sa colère , donnait à la France un prince qui ne fût pas, comme Napoléon , animé de l'amour pour ses concitoyens ; si un intérêt aveugle lui faisait croire que sa grandeur doit se fonder sur l'avilissement de la nation qu'il commande , il y trouverait des obstacles.

L'action de l'empereur influe en effet par - tout : il propose la loi ou la combat ; il nomme à toutes les places ; il commande les armées ; il fait la paix et la guerre ; il dispose des finances ;

il dirige l'administration ; il imprime par ses exemples l'essor à la vertu.

Mais, s'il présente une loi désastreuse, elle peut être rejetée ; s'il refuse d'en donner une salutaire , elle peut être proposée ; l'inexécution des lois rend ses ministres responsables : la nomination aux places est circonscrite dans le nombre des citoyens qui ont la confiance du peuple. Il commande aux armées, il est vrai ; mais la force en est fixée par la loi : il fait la guerre lorsque la nation l'a reconnue juste et nécessaire ; il fait la paix quand elle est jugée convenable à l'intérêt public : il dispose des finances ; mais les revenus sont déterminés , et l'emploi en est fixé par la loi. Enfin , si ses vertus le rendent cher à tous, ses écarts lui enlèvent l'amour et la considération des peuples , et détruisent sa force morale , le plus solide et le plus durable soutien des trônes.

II. La nation voulait une constitution inviolable , et son pacte a toujours été détruit aussitôt que formé. Ce renversement , aussi funeste à la liberté qu'à la tranquillité publique , résultera nécessairement du défaut de dispositions propres à le conserver. J'offre des digues aux autorités qui s'écarteraient viij

du pacte et de l'obéissance due à l'empereur ; et j'arrête les ministres qui par
leurs actes braveraient la loi fondamen-
tale de l'état.

III. On veut être gouverné par des citoyens probes et éclairés ; et jusqu'à présent l'on n'a rien fait pour s'assurer que
les choix portent sur des hommes de ce
genre. Je soumets à cet égard des vues
nouvelles.

IV. Les récompenses nationales, qui
étaient autrefois très-souvent méritées ,
mais plus souvent encore le prix de l'in-
trigue et de la faveur , ont perdu leur effet
en passant, par droit de naissance, à des
descendans qui n'avaient rien fait pour
la patrie. Parce que leurs pères ont pu
être de grands hommes , ils se sont
crus grands eux-mêmes ; leur nom a
suffi à leur gloire : ils n'ont conservé
de la noblesse que les titres et l'orgueil.
On a dit qu'il fallait une noblesse dans
un gouvernement monarchique ; oui : la
noblesse des vertus et des belles actions ;
celle qui ne s'honore du mérite de ses
aïeux, qu'autant qu'elle marche sur leurs
traces. Voilà la noblesse qui fait l'éclat
du trône , la gloire des nations , et ne
divise pas les citoyens en un corps
d'oppresseurs et un corps d'opprimés.

PROJET

D'UN PACTE SOCIAL

POUR LA FRANCE.

ARTICLE PREMIER.

Le gouvernement français est représentatif.

II.

Il se compose d'un pouvoir législatif, d'un pouvoir exécutif, d'un pouvoir judiciaire.

CHAPITRE PREMIER.

De la Convocation nationale.

III.

La nation se réunit en assemblées primaires, en assemblées d'arrondissement et en assemblées de département.

IV.

Les assemblées primaires se composent

de tous les citoyens qui n'ont pas été flétris par la loi, qui savent lire et écrire (ce qui cependant n'aura lieu que dans dix ans), qui paient une contribution directe au gouvernement, qui enfin ne sont pas en état de domesticité, et ont atteint leur majorité.

V.

L'objet des assemblées primaires est de nommer les électeurs des colléges d'arrondissement, dans la proportion d'un sur dix, des membres qui ont droit d'assistance. On n'a point égard aux fractions.

VI.

Les citoyens absens pour cause de service public, sont censés présens dans toutes les assemblées électives dont ils sont membres.

VII.

Les assemblées d'arrondissement s'appellent *Colléges d'arrondissement*. Elles se composent des électeurs nommés par les assemblées primaires. Les colléges d'arrondissement actuels demeurent conservés.

VIII.

Pour être à l'avenir électeur d'un collége d'arrondissement, outre les conditions exigées par l'article IV, il faudra payer une contribution directe de 100 francs, et avoir vingt-cinq ans révolus.

IX.

Les attributions des colléges d'arrondissement sont de nommer : 1.º les électeurs de département ; 2.º les différens fonctionnaires publics dont il sera parlé en son lieu.

X.

Les colléges d'arrondissement nomment un électeur de département sur vingt des membres qui ont droit d'assistance. Les fractions ne sont point comptées.

XI.

Les assemblées de département prennent le nom de *Colléges de département.* Elles se composent des électeurs nommés par les colléges d'arrondissement. Les colléges de département actuels demeurent conservés.

XII.

Pour être à l'avenir électeur de département, il faudra, outre les conditions portées dans l'article IV, payer 400 francs de contribution directe, ou avoir obtenu des titres de capacité dans les écoles d'instruction publique, et avoir vingt-cinq ans révolus.

XIII.

Le pacte social et la loi règlent les attributions des colléges électoraux de département.

XIV.

La nomination d'électeur de collége d'arrondissement ou de département est à vie.

XV.

Cette disposition n'a pas lieu : 1.º si l'électeur d'arrondissement quitte l'habitation de l'arrondissement, et si l'électeur de département quitte le département, qui les ont nommés ; 2.º s'ils perdent le titre de citoyen actif par des dispositions pénales.

XVI.

Les formes des assemblées primaires, d'arrondissement et de département, sont déterminées par la loi.

XVII.

Ces assemblées nomment leur président, font leur police intérieure, et ne peuvent s'occuper d'autres objets que de ceux pour lesquels elles sont convoquées.

CHAPITRE II.

Des Fonctionnaires publics.

XVIII.

Les fonctions publiques sont ou héréditaires, ou inamovibles, ou temporaires.

SECTION PREMIÈRE.

De la Dignité impériale.

XIX.

La nation a pour premier représentant un

chef suprême qui prend le titre d'*Empereur des Français.*

XX.

Cette auguste dignité est déférée par l'amour et la reconnaissance de la nation à Napoléon Bonaparte, pour être après lui exercée à perpétuité, dans sa famille, par primogéniture de mâle en mâle seulement.

XXI.

La personne de l'empereur est inviolable et sacrée. Il a droit de faire grâce à chaque individu une première fois seulement.

XXII.

Les mâles de la famille de l'empereur prennent le titre de *Princes français.*

XXIII.

La loi détermine une liste civile pour l'empereur et sa famille.

XXIV.

L'empereur exerce son autorité par le concours des ministres, d'un conseil et d'agens. Tous sont responsables.

XXV.

L'empereur nomme ses ministres. Dans dix ans, ce choix ne pourra porter que sur les citoyens qui auront acquis les qualités requises pour être tribuns.

XXVI.

Les ministres sont révocables à la volonté de l'empereur.

XXVII.

Ils doivent nécessairement être renvoyés : 1.º si le sénat et le tribunat déclarent à l'empereur que ces ministres ont perdu la confiance de la nation; 2.º s'ils ont été condamnés par un arrêt de la haute cour nationale.

XXVIII.

L'empereur nomme les membres de son conseil. Dans dix ans, ce choix ne pourra porter que sur les citoyens qui auront acquis les qualités requises pour être tribuns.

XXIX.

Ce conseil prend le titre de *Conseil d'état* Les membres sont à vie.

XXX.

Tous les autres agens sont révocables, soit par la volonté de l'empereur, soit par l'effet de la condamnation de la haute cour nationale.

XXXI.

L'empereur ne peut choisir ses ministres, ses conseillers d'état, et tous agens quelconques, parmi les citoyens qui ont accepté des fonctions à la nomination ou à la présentation des représentans du peuple. Il ne peut même les prendre, après la cessation de ces fonctions, que lorsqu'il se sera écoulé cinq ans après que le citoyen qui aura exercé une fonction à vie y aura renoncé ; et, s'il s'agit d'une fonction temporaire, que lorsqu'il se sera écoulé un temps égal à celui qu'aura duré ou dû durer la fonction à laquelle il avait été appelé.

XXXII.

Si un collége, ou une autorité qui a droit de présenter ou de nommer, appelle à une fonction un agent de l'empereur, cet agent, en acceptant, perd de plein droit la place qu'il tenait de l'empereur, et rentre à cet égard dans la même incapacité que les autres fonctionnaires.

SECTION II.

Fonctions inamovibles et temporaires.

XXXIII.

Tous les citoyens indistinctement sont appelés aux fonctions publiques, s'ils réunissent la moralité et la capacité.

XXXIV.

Un citoyen réunit la moralité, quand, dans sa vie privée ou publique, il n'a donné lieu à aucune plainte légale contre sa probité, ses mœurs ou sa conduite, comme fils, époux, père et citoyen. Tout fait prouvé qui porterait atteinte à sa réputation, sous ces différens rapports, le rend à jamais inadmissible à toutes fonctions publiques.

XXXV.

Un citoyen a la capacité, quand il a obtenu les degrés d'instruction nécessaires pour remplir les fonctions auxquelles il aspire, ou lorsque sans avoir suivi les cours dont il sera parlé ci-après, il aura, par ses écrits ou autrement, donné des preuves certaines et matériellement constatées qu'il est propre à cette fonction.

XXXVI.

La loi détermine les différens degrés de capacité nécessaires pour remplir les diverses fonctions publiques.

XXXVII.

La moralité des aspirans doit être constatée dès à présent. La loi en détermine le mode.

XXXVIII.

La capacité ne sera exigée que dans dix ans.

A cette époque, l'aspirant à une fonction publique devra être inscrit sur le livre des candidats. Le choix ne pourra porter que sur ceux qui seront inscrits sur ce livre.

XXXIX.

Tout candidat, membre d'un collége qui dans sa session devra nommer à la place où il aspire, ne pourra y donner sa voix, ni même se présenter à l'assemblée, à peine de rendre sa présentation ou sa nomination nulle.

XL.

Tout fonctionnaire nommé par les colléges électoraux, ou les autorités constituées, ne peut recevoir de l'empereur aucune pension, don ou avantage quelconque, à peine de forfaiture, qu'après un temps égal à la durée des fonctions qu'il a remplies ou dû remplir. Il n'y a d'exception à cet égard que pour les récompenses nationales accordées en conformité du code rémunératoire.

XLI.

Tout fonctionnaire qui serait légitimement censuré par l'empereur, sur la dénonciation de ses agens, ou par les supérieurs du fonctionnaire, perdra le droit d'avancement pendant trois ans.

SECTION III.

Du Tribunal de Censure.

XLII.

Dans chaque chef-lieu de département il y a un tribunal de censure.

XLIII.

Ce tribunal est formé du président de la justice supérieure qui est établie dans le chef-lieu, du président de l'administration centrale, du président de l'administration cantonnale, et du commissaire impérial près l'administration centrale.

XLIV.

Chaque aspirant à une fonction publique présentera une pétition à ce tribunal pour demander d'être inscrit sur le livre des candidats. Il y joindra les pièces à l'appui de sa demande.

XLV.

Le tribunal examinera, d'après les pièces qui lui seront remises et les renseignemens qu'il croira utiles de prendre, si l'impétrant a les conditions nécessaires pour être admis aux fonctions où il aspire ; et, après avoir entendu le commissaire impérial, il ordonnera ou refusera l'inscription sur le livre des candidats.

XLVI.

Si le tribunal refuse l'inscription , son jugement ne sera que suspensif. Il fera appeler l'aspirant, lui exprimera, par l'organe du président, les motifs du tribunal pour ne pas lui accorder sa demande ; et, après avoir entendu sa défense, le tribunal prononcera définitivement.

XLVII.

Toute l'instruction sera secrète. Les juges prêteront serment de ne rien révéler de ce qui se dira dans l'enceinte de leur assemblée, à peine d'être poursuivis devant la haute cour nationale, en cas de violation.

XLVIII.

Si l'aspirant acquiesce au jugement, le président lui rendra sa pétition et ses titres, et le tribunal ne retiendra rien sur ses registres.

XLIX.

Si l'aspirant déclare qu'il entend se pourvoir contre cette décision, il devra faire cette déclaration séance tenante ; alors le jugement motivé sera inscrit sur les registres du tribunal : et il en sera donné une expédition à l'impétrant.

L.

La cause sera portée à la cour d'appel, et jugée publiquement, solennellement et contradictoirement avec le commissaire impérial.

LI.

Le livre des candidats sera public. La loi en détermine la forme. Un extrait en sera déposé dans le lieu d'assemblée des colléges électoraux, et dans tous autres lieux d'assemblée publique.

CHAPITRE III.

Du Pouvoir législatif.

LII.

Le pouvoir législatif se compose : 1.º de l'empereur; 2.º du tribunat; 3.º du sénat.

SECTION PREMIÈRE.

Droits de l'Empereur dans le Pouvoir législatif.

LIII.

L'empereur propose la loi, ou s'oppose à celle qui serait présentée par le tribunat.

LIV.

Le conseil d'état discute les projets de loi que l'empereur veut présenter, ou qu'il reçoit du tribunat pour être approuvés.

SECTION II.

Du Tribunat.

LV.

Le tribunat est composé de citoyens âgés de vingt-cinq ans accomplis, et nommés par les colléges de département.

LVI.

Il est composé d'autant de tribuns que chaque collége de département a de cent membres. On n'a pas égard aux fractions.

LVII.

La loi détermine le degré de capacité que doit avoir le tribun, à l'époque où cette capacité sera matériellement exigée.

LVIII.

La fonction de tribun dure cinq ans. Les

membres se renouvellent par cinquième,
et sont rééligibles. Le tribunat nomme son
président.

LIX.

Les fonctions du tribunat sont d'examiner
les projets de loi présentés par l'empereur,
et d'en présenter lui-même. Le tribunat est
perpétuellement en fonction.

SECTION III.

Du Sénat.

LX.

Le sénat se compose de citoyens âgés
de trente ans accomplis, présentés par le
tribunat sur une liste triple, et choisis par
l'empereur.

LXI.

Le nombre des sénateurs est égal à celui
des tribuns.

LXII.

La loi détermine le degré de capacité
que doit avoir le sénateur, à l'époque où
cette capacité sera matériellement exigée.

LXIII.

Les sénateurs sont à vie ; ils nomment
leur président.

LXIV.

La fonction du sénat est de veiller au

(14)

maintien du pacte social, ou de le restaurer;
de sanctionner les projets de loi, ou de les
rejeter.

LXV.

Le sénat est perpétuellement en fonction.

SECTION IV.

Du Pacte social, de sa conservation et de sa restauration.

LXVI.

Le dépôt sacré du pacte social est confié
au sénat.

LXVII.

Il exerce sa surveillance en examinant
les décrets et ordonnances du pouvoir exécutif, ainsi que les arrêtés des autorités
publiques sous les rapports de leur consti-
tutionnalité.

LXVIII.

Aucun décret de l'empereur ne sera publié
et exécuté, qu'il ne soit auparavant présenté
au sénat, qui examinera, non s'il convient
ou ne convient pas, s'il est bien ou mal
fait, mais s'il est constitutionnel, c'est-à-
dire s'il est revêtu des formes voulues par
le pacte social ; s'il a vraiment pour objet
l'exécution de la loi ; s'il n'y déroge pas
ou s'il n'empiète pas sur le pouvoir législatif par des dispositions particulières ou
générales.

LXIX.

Le sénat exprime son approbation par ces mots : *Vu conforme au pacte social;* et son refus par ces mots : *Vu non conforme au pacte social.* Dans ce dernier cas, le décret n'est pas exécutoire ; et tout ministre ou agent de l'empereur, qui le publierait ou exigerait son exécution, serait dénoncé à la haute cour nationale par le sénat.

LXX.

Le *vu* du sénat doit être apposé au plus tard dans les trois jours de la présentation du décret, après qu'il en aura pris lecture et qu'il aura entendu le rapporteur de la commission chargée de l'examiner.

LXXI.

Les ordonnances de l'empereur ne seront point soumises au *vu* du sénat; mais ceux qui auraient droit de s'en plaindre peuvent en faire la dénonciation au sénat, qui agit dans ce cas comme pour les décrets impériaux.

LXXII.

S'il s'agit d'un arrêté de toute autre autorité constituée, la dénonciation peut se faire, ou par l'empereur, ou par tout citoyen qui y aurait intérêt : et le sénat prononce de la même manière.

LXXIII.

Le sénat restaure le pacte social en y

faisant les changemens qui seront trouvés
convenables. Ces changemens ne pourront
avoir lieu avant dix ans, et ne pourront
jamais être proposés dans le temps de l'in-
vasion de l'ennemi. Toute discussion com-
mencée sur cet objet demeure alors sus-
pendue.

LXXIV.

Pour que le sénat puisse modifier le pacte
social, il faut que la demande lui en soit
faite, ou par l'empereur, ou par le tribunat.

LXXV.

Si c'est l'empereur qui propose les changemens ou additions, il exprime son vœu par
des orateurs qui feront connaître au tribunat les changemens ou additions à faire,
et les motifs qui les nécessitent. Si c'est le
tribunat, il en instruit l'empereur de la même
manière.

LXXVI.

La proposition et la discussion de ces
changemens ou additions se font secrétement
au tribunat.

LXXVII.

Si le tribunat approuve les propositions
de l'empereur, ou l'empereur celles du tribunat, ils s'instruisent réciproquement de
leur vœu ; s'ils les désapprouvent, ils se font
connaître leur refus et les raisons qui les
empêchent de les approuver : alors l'un ou
l'autre peut retirer ses propositions. Mais si

celle des deux autorités qui a fait la proposition y persiste, ou que l'empereur et le tribunat soient d'accord, la discussion est portée devant le sénat. Les orateurs de l'empereur expriment son vœu, et les orateurs du tribunat, celui de cette autorité. Le sénat renvoie ensuite la proposition à une commission, entend son rapport, et discute s'il doit approuver ou rejeter la demande qui lui est faite.

LXXVIII.

Toutes les propositions ou discussions relatives au pacte social seront faites en séance secrète.

LXXIX.

La décision du sénat doit être précédée de trois discussions, et suivie de trois résolutions prises de trois en trois mois, si l'empereur et le sénat ne sont pas d'accord, et d'un mois seulement à chaque intervalle, s'ils sont unanimes.

LXXX.

Si les résolutions n'étaient point uniformes, la discussion se continuerait toujours par trois mois ou par un, jusqu'à ce que ces trois résolutions fussent unanimes.

LXXXI.

Si le sénat rejette les changemens ou additions, ils ne pourront plus être reproduits qu'après cinq ans.

LXXXII.

Si le sénat approuve les additions ou les changemens, mais en rejette la rédaction, il renvoie le projet à l'empereur et au tribunat, en donnant les motifs de son refus.

Une nouvelle rédaction est présentée par l'autorité qui a donné le premier projet ; elle est examinée de la même manière par le conseil d'état et le tribunat ; puis reportée au sénat dans la même forme : mais alors la séance est publique et le sénat prononce définitivement par une seule résolution, après avoir entendu le rapport de sa commission.

LXXXIII.

Lorsque le sénat a adopté quelque changement ou addition au pacte social, les articles sont envoyés à l'acceptation des colléges électoraux de département, précédés des motifs qui les ont fait admettre. Les colléges réunis, chacun dans le lieu ordinaire de leurs assemblées, expriment, sans discussion préalable, leurs vœux par bulletins sur lesquels sont écrits *adopté* ou *rejeté*. Le procès-verbal fait mention du nombre des bulletins qui approuvent et de ceux qui rejettent ; il est envoyé à l'empereur, et transmis au sénat qui fait le recensement général.

Ce recensement se fait par une double addition : l'une, des votes portés dans chacun des procès-verbaux pour approuver, e l'autre, des votes qui ont pour objet de re jeter.

S'il résulte de ce recensement que la majorité adopte, le sénat proclame les changemens faits au pacte ; si au contraire il en résulte qu'elle rejette, le sénat déclare le vœu national, et la disposition ne peut être reproduite avant dix ans.

SECTION V.

Des Lois et de leur confection.

LXXXIV.

Tout acte du gouvernement, qui prescrit des devoirs ou donne des droits à la généralité des citoyens, ou peut influer sur leur bien - être ou leur fortune, doit avoir la forme législative.

LXXXV.

Lorsque l'empereur ou le tribunat jugera une loi nécessaire, l'un et l'autre se conformeront à ce qui est prescrit par les articles LXXV et LXXVII.

LXXXVI.

La discussion des lois sera publique, à moins que les orateurs de l'empereur ou du sénat, ou le quart des membres de l'assemblée délibérante, ne demandent que cette discussion soit secrète ; dans ce cas, l'assemblée prononcera si elle doit obtempérer à cette demande.

LXXXXVII.

Si l'empereur et le tribunat sont d'accord sur la nécessité de la loi, et que le sénat la rejette, il donne les motifs de son rejet : la loi ne peut être alors reproduite avant six mois.

LXXXVIII.

Si, après cette époque, l'empereur et le tribunat persistent à la reproduire, le sénat ne peut plus s'y opposer que par un vice de rédaction.

LXXXIX.

Si l'empereur et le tribunat sont discordans sur la nécessité de la loi, le sénat discutera la question de savoir si la loi doit être rendue, et prononcera sans retard après la clôture de la discussion.

XC.

Si le sénat approuve la loi, il exprime son vœu par ces mots : *Le sénat sanctionne.* S'il la rejette, il exprime sa décision par ces mots : *Le sénat rejette.* Et le même projet ne pourra être reproduit pendant un an.

XCI.

Si le sénat approuve la loi, mais la juge défectueuse par la rédaction, il indiquera ce qu'il y aura de défectueux ; et il la renverra, comme il est dit à l'article LXXXII.

XCII.

Le projet sera de nouveau examiné et approuvé suivant le même article.

SECTION VI.

De l'exécution des Lois.

XCIII.

L'exécution des lois appartient exclusivement à l'empereur, pour être exercée en son nom et par ses agens.

XCIV.

Les ministres de l'empereur sont forcés de faire promulguer les lois dans les quinze jours de leur reddition ; faute par eux de faire cette promulgation dans ce délai, ils peuvent être dénoncés par le tribunat à la haute cour nationale.

XCV.

Les décisions prises pour cette exécution s'appellent *Décrets impériaux*, quand elles ont pour objet plusieurs citoyens ; et *Ordonnances impériales*, quand elles sont relatives à des individus.

XCVI.

Ces décrets ou ordonnances doivent être conformes aux lois et contre-signés des agens de l'empereur.

CHAPITRE IV.

Du Pouvoir judiciaire.

XCVII.

Le pouvoir judiciaire est exercé par des

juges âgés de trente ans accomplis, présentés sur une liste double par les représentans de la nation, et nommés par l'empereur.

XCVIII.

Il se compose de deux degrés de juridiction, d'une *Cour de cassation* et d'une *Haute Cour nationale*.

XCIX.

Le premier degré de juridiction est la *Justice de paix* ou *le Tribunal d'arrondissement*; et le second, le *Tribunal d'arrondissement* ou *la Cour d'appel*. La loi fixe leur compétence.

C.

La justice de paix est composée d'un juge, d'un suppléant et d'un assesseur. Le juge seul a voix délibérative.

CI.

Les membres de la justice de paix sont présentés par le collége d'arrondissement.

CII.

Quand la justice de paix ne prononce pas en dernier ressort, ses appels sont portés au tribunal d'arrondissement.

CIII.

Le tribunal d'arrondissement est composé d'un nombre de juges et de commissaires de l'empereur, déterminé par la loi.

CIV.

Les juges du tribunal d'arrondissement

sont présentés par le collége d'arrondissement.

CV.

Il peut y avoir, suivant les localités, des
tribunaux de commerce assimilés aux tribunaux d'arrondissement, avec cette différence seulement que les membres seront
présentés par les négocians seuls de l'arrondissement.

CVI.

Quand les tribunaux d'arrondissement ne
jugent pas en dernier ressort, leurs appels
ainsi que ceux des tribunaux de commerce
sont portés à la cour d'appel.

CVII.

La cour d'appel se compose d'un nombre
de juges et de commissaires de l'empereur
fixé par la loi. Le nombre de ces cours pour
tout l'empire est également déterminé par
la loi.

CVIII.

Les juges des cours sont pris dans les juges
d'arrondissement ; ils sont présentés par les
colléges de département.

CIX.

La cour d'appel se divise en deux sections :
l'une pour les matières civiles, et l'autre pour
les matières criminelles.

CX.

L'institution des jurés demeure maintenue

dans les matières criminelles, pour être exercée conformément aux lois.

CXI.

La cour de cassation est composée d'un nombre de membres égal à la moitié des départemens, et d'un nombre de commissaires déterminé par la loi.

CXII.

Les juges de cette cour sont choisis dans les cours d'appel, et présentés par le tribunat à l'empereur, sur une liste double.

CXIII.

La cour de cassation ne prononce pas sur le fond des affaires, mais veille à ce que la loi ne soit pas violée par les jugemens des tribunaux.

CXIV.

La haute cour nationale est en tout assimilée à la cour de cassation.

CXV.

Les juges de cette cour sont choisis par le sénat dans les cours d'appel. Leur nomination n'est pas soumise à l'approbation de l'empereur.

CXVI.

Les commissaires nationaux sont nommés par le tribunat, et pris dans son sein; leurs fonctions durent cinq ans.

CXVII.

La haute cour nationale est exclusivement chargée des faits de responsabilité de tous les fonctionnaires publics et des agens du pouvoir exécutif. Elle prononce la peine que les délinquans ont encourue suivant les lois ; les dommages - intérêts, s'il y a lieu, sont accordés par les tribunaux ordinaires. La poursuite de ses arrêts se fait par les commissaires nationaux : ils sont sans appel, et ne donnent pas lieu à recours en cassation.

CXVIII.

Tous les juges sont à vie. Les membres des tribunaux actuels demeurent conservés.

CXIX.

L'exécution des jugemens se fait au nom de l'empereur, à l'exception de ceux de la haute cour nationale, dont l'exécution se fait au nom de la nation.

CHAPITRE V.

De l'Administration du domaine public.

CXX.

Les revenus de l'état se composent : 1.º de ses domaines ; 2.º des contributions directes et indirectes fixées par la loi.

CXXI.

Les dépenses publiques sont chaque année réglées par la loi.

CXXII.

L'administration, le recouvrement des revenus et l'emploi des dépenses, appartiennent exclusivement à l'empereur; ses agens en rendent un compte détaillé au tribunat : et il est définitivement apuré par le sénat, dans la forme des lois. Tout agent est responsable de sa gestion.

CHAPITRE VI.

De la Force armée.

CXXIII.

La force armée se compose d'armées de terre et de mer.

CXXIV.

L'armée de terre est permanente et auxiliaire.

CXXV.

Les forces de l'armée permanente sont fixées par la loi.

Elle se forme de régnicoles volontairement enrôlés. Dans le cas où ces enrôlemens volontaires ne compléteraient pas cette armée, on y appellerait la garde nationale mobile de la première classe.

CXXVI.

L'armée auxiliaire est composée de la garde nationale.

CXXVII.

La garde nationale est spécialement chargée de veiller à la sureté intérieure, d'empêcher tous envahissemens, et de repousser l'ennemi hors des frontières.

CXXVIII.

Elle se divise en garde *sédentaire* et en garde *mobile*.

CXXIX.

La garde sédentaire se compose de citoyens de trente à cinquante ans accomplis. Elle est spécialement destinée au service des places en temps de guerre et en l'absence de la garde mobile.

CXXX.

La garde mobile se compose de citoyens de vingt jusqu'à trente ans révolus. Elle est destinée, en temps de guerre, à maintenir l'intégrité du territoire français.

CXXXI.

La loi fixe les exemptions temporaires du service de la garde nationale : elles ne peuvent avoir pour objet que les maladies ou infirmités, et l'exercice des fonctions publiques.

CXXXII.

La garde mobile ne peut être mise à la disposition de l'empereur qu'en vertu d'une loi spéciale ; néanmoins, dans tous les temps, elle fait le service de la garde des places ; elle est, les jours de repos, assujettie aux exercices militaires ; elle se réunit, le printemps et l'été, une fois par mois dans un lieu désigné pour y passer une revue cantonale qui ne peut occasionner plus d'un jour d'absence : elle se réunit également une fois l'année pour passer une revue départementale qui ne peut occasionner plus de dix jours d'absence. Pendant le temps des revues, ainsi qu'en temps de guerre, les citoyens seront soldés comme l'armée permanente, et, comme elle, assujettis à la discipline militaire.

CXXXIII.

La garde nationale mobile est divisée en cinq classes : la première de vingt à vingt-deux ans ; la seconde de vingt-deux à vingt-quatre ; la troisième de vingt-quatre à vingt-six ; la quatrième de vingt-six à vingt-huit : et la cinquième de vingt-huit à trente.

CXXXIV.

Dans l'ordre de l'appel, on convoquera d'abord les célibataires de la première classe, et ainsi successivement les autres célibataires des classes suivantes jusqu'à la cinquième. Puis on appellera les citoyens mariés dans le même ordre.

CXXXV.

Sur la seule présentation de l'acte de naissance, dûment constaté, le citoyen qui aura dépassé l'âge de la classe où il se trouve, pourra retourner dans ses foyers, à moins que celle où il rentre ne soit en activité de service. Ce droit cesse si le territoire français est envahi ; et il demeure suspendu si l'ennemi menace les frontières. Hors ces cas, tout individu qui empêcherait le retour dans son domicile d'un citoyen qui aurait rempli le terme du service personnel voulu par le pacte social, serait traduit par-devant la haute cour nationale.

CXXXVI.

L'empereur seul dirige les mouvemens de l'armée, et nomme les chefs et les officiers, conformément aux lois.

CXXXVII.

L'armée navale est formée de classes comme l'armée de terre. Elle est composée de militaires, de matelots même étrangers, enrôlés volontairement, et de citoyens gardes-côtes. Cette armée est en tout assimilée à l'armée de terre, avec la différence que le service national se fait par-tout où les besoins de l'état le demandent.

CHAPITRE VII.

De l'Administration civile.

CXXXVIII.

L'administration civile et générale appartient à l'empereur : il la dirige d'après les lois.

CXXXIX.

L'administration particulière des départemens appartient à des administrateurs âgés de trente ans accomplis, présentés par les colléges électoraux sur liste triple, et nommés par l'empereur. Ces administrateurs agissent d'après les ordres de l'empereur et la direction des lois.

CXL.

Les administrations départementales se composent d'une administration centrale, d'administrations d'arrondissemens, et d'administrations cantonnales.

CXLI.

L'administration centrale a autánt de membres qu'il y a d'arrondissemens dans le département, et plus un, quand le nombre des arrondissemens n'est pas impair.

CXLII.

Ces membres sont présentés par les colléges de départemens.

CXLIII.

L'administration d'arrondissement a autant de membres qu'il y a de cantons dans l'arrondissement, et plus un, quand le nombre des cantons n'est pas impair.

CXLIV.

L'administration cantonnale a autant de membres qu'il y a de communes dans le canton, et plus un, quand le nombre des communes n'est pas impair. Elle a un agent dans chaque commune.

CXLV.

Les membres des administrations d'arrondissemens et de cantons sont présentés par les colléges d'arrondissemens.

CXLVI.

Les fonctions d'administrateurs durent dix ans, et se renouvellent par cinquième ; les membres sortant peuvent être réélus.

CXLVII.

On ne peut être membre d'une administration d'arrondissement, qu'après l'avoir été, au moins pendant un an, d'une administration cantonnale ; et l'on ne peut être membre d'administration centrale , qu'après avoir été administrateur d'un arrondissement pendant le même temps.

CXLVIII.

L'empereur a un commissaire près chacune de ces administrations. Ce commissaire est entendu dans toutes les matières ; il requiert l'exécution des lois , des décrets et odonnances de l'empereur ; il peut, sous sa responsabilité, suspendre provisoirement les administrateurs, s'il juge qu'ils s'écartent de l'obéissance due aux ordres de l'empereur, conformes aux lois : si l'empereur confirme l'acte de son commissaire , il traduit les administrateurs à la haute cour nationale ;

s'il le condamne, les administrateurs ont le droit de poursuivre eux-mêmes ce commissaire par-devant la même cour.

CXLIX.

Les actes des administrations prennent le nom *d'arrêtés;* ils sont soumis à l'approbation des administrations supérieures, suivant les lois.

CHAPITRE VIII.

De la Police.

CL.

La police a deux objets : l'un, de prévenir les délits : il appartient aux autorités civiles ; l'autre, de les punir : il est réservé aux tribunaux. Ces pouvoirs sont, dans l'un et l'autre cas, exercés conformément aux lois.

CHAPITRE IX.

De la Morale et des Cultes.

CLI.

La morale est de l'essence de l'homme ; lle est le propre de tous; et, comme principe de l'ordre social, elle doit recevoir son impulsion des lois.

CLII.

Le culte étant une opinion qui appartient en propre à l'individu, ne peut recevoir de guide que de la conscience. Tous les cultes seront donc libres, et le gouvernement ne s'en occupera que sous les rapports de police.

CHAPITRE X.

De l'Instruction publique.

CLIII.

L'instruction publique est uniformément donnée dans tout l'empire.

CLIV.

Celle qui est nécessaire à tous les hommes, pour se diriger et se conduire avec sagesse, est donnée gratuitement par l'état.

CLV.

Celle qui est nécessaire pour devenir savant, artiste ou candidat, sera payée par ceux qui en suivront les cours. Il n'y a d'exception que pour les indigens qui annonceront des dispositions extraordinaires. La loi sur l'instruction publique détermine ces cas.

CLVI.

Une *école centrale*, instituée dans chaque chef-lieu de département, forme les instituteurs du premier degré.

CLVII.

Une *école normale*, instituée dans le chef-lieu où résident les premières autorités de l'état, forme les professeurs du second degré.

CLVIII.

Chaque département a une *académie* défrayée par l'état, particulièrement destinée à l'application et aux progrès des arts et des sciences propres aux localités : des terrains sont affectés à ces académies pour les expériences rurales.

CLIX.

La nation a un *institut des sciences*, destiné à être le dépôt universel des connaissances humaines ; il sera divisé en autant de sections que ces connaissances présentent de branches particulières. Cet institut sera à l'avenir composé de tous les citoyens qui auront mérité une récompense nationale pour avoir illustré la France par leurs travaux dans les sciences. Le nombre n'en est point limité.

C L X.

Elle a également un *Institut des arts,* composé de la même manière.

C L X I.

Tout étranger qui consacrera ses travaux à la gloire française, et qui déclarera vouloir résider en France, en deviendra citoyen, et sera membre de l'institut des sciences ou de celui des arts, par la seule obtention d'une récompense nationale, en qualité de savant, d'artiste ou de lettré.

CHAPITRE XI.

Des Secours publics.

CLXII.

La nation donne des secours au malheur.

CLXIII.

La loi détermine des fonds pour les in-
cendies, les inondations, les grêles, les dé-
vastations de la guerre.

CLXIV.

Elle appelle en premier ordre aux travaux
publics les indigens. Elle crée en leur faveur, suivant les localités, des ateliers où
l'industrie est utilisée; elle établit, dans les
cantons, des officiers de santé, des phar-
macies et des hospices, pour y traiter les
maladies qui ne pourraient pas l'être avan-
tageusement à domicile; enfin elle bannit
le vagabondage et la mendicité, en donnant
du travail à l'homme valide, et des secours
à celui qui ne l'est pas.

CHAPITRE XII.

Des Droits et des Devoirs des Citoyens.

CLXV.

Les citoyens ont dans l'état des droits à
exercer et des devoirs à remplir.

CLXVI.

Les droits consistent : 1.º dans l'égalité aux yeux de la loi, la sureté de sa personne, le maintien de ses propriétés, l'exercice libre de son industrie, en se conformant aux lois; 2.º à obtenir justice, à ne pouvoir être distrait du juge de son domicile; 3.º à présenter aux autorités des pétitions sur des objets d'utilité générale ou particulière; 4.º à manifester ses opinions par voie d'impression ou autrement, sans être assujetti à aucune inspection, aucune censure préalable, mais en donnant néanmoins au gouvernement une garantie que cette manifestation ne troublera ni la tranquillité publique et individuelle, ni la morale et les mœurs : ces garanties sont déterminées par la loi; 5.º à jouir de toutes les distinctions publiques qui sont la récompense du mérite et de la vertu.

CLXVII.

Les devoirs sont : 1.º de respecter les dépositaires de l'autorité; 2.º d'être soumis aux lois; 3.º de concourir dans la proportion de ses facultés aux charges personnelles et pécuniaires de l'état.

CHAPITRE XIII.

Des Lois propres à assurer les rapports des Citoyens entre eux, la conservation de leurs propriétés, le maintien de la morale et l'encouragement à la vertu.

CLXVIII.

La loi fixe : 1.º les rapports des citoyens

entre eux par un *Code civil*; 2.º la conservation de leurs propriétés par un *Code domanial*; 3.º la protection de leur industrie par un *Code de Commerce*; 4.º la répression des attentats envers l'ordre social par un *Code criminel*; 5.º l'encouragement à la vertu par un *Code rémunératoire.*

CLXIX.

Il n'existe d'autres distinctions entre les citoyens, que celles accordées par le code rémunératoire.

CLXX.

Les récompenses nationales seront concédées par ce code pour prix des actes de bravoure, des découvertes ou perfectionnemens dans les arts et les sciences, ou enfin pour toutes actions qui illustrent la patrie.

CLXXI.

Le titre de ceux qui auront mérité ces récompenses sera celui de *noble*, auquel on ajoutera le nom du genre de gloire qu'ils auront acquise : tel que *guerrier, législateur, lettré, artiste, etc.* Des décorations particulières serviront à distinguer ces divers genres de gloire.

CLXXII.

Toute récompense nationale sera accompagnée d'une pension suffisante pour vivre avec aisance, mais seulement dans le cas où la fortune du noble ne le placerait pas dans cette condition.

CLXXIII.

De longs services publics donnent lieu à des pensions, mais non pas à des décorations.

CLXXIV.

Les récompenses nationales se donneront le 1.er mai de chaque année. La distribution s'en fera par l'empereur, avec la plus grande pompe, et en présence des premières autorités de l'état. Les marches du trône seront occupées par les nobles; ils suivront immédiatement les princes du sang.

CLXXV.

Les récompenses nationales, quelles qu'elles soient, ne sont pas transmissibles à la postérité de celui qui les a obtenues. Le fils d'un grand homme doit être grand lui-même, s'il veut conserver l'illustration dans sa famille ; mais s'il se rend digne d'une récompense nationale, il lui sera permis d'ajouter à son titre le titre de *noble au second degré, au troisième degré*, etc. , quoique la récompense ne soit pas accordée pour le même genre d'illustration. L'interruption d'une seule génération empêche qu'on puisse attacher la gloire de ses pères à sa propre gloire.

CHAPITRE XIV.

Des Rapports de la Nation avec les Colonies.

CLXXVI.

La nation ne considère pas ses colonies

comme asservies à son joug , mais comme
de petits peuples qui ont besoin de protection , et avec lesquels elle forme des liens
d'association plus intimes qu'avec les autres
nations.

CLXXVII.

Les colonies sont gouvernées par des
lois libérales et faites conjointement avec
leurs représentans. Ces lois sont assimilées
à celles de France, autant que les localités
et les mœurs le permettent.

CHAPITRE XV.

Rapports de la Nation avec ses Voisins.

CLXXVIII.

La nation française est essentiellement
pacifique. Elle renonce aux conquêtes ; elle
ne s'immisce dans aucune discussion qui
pourrait s'élever entre les peuples et leurs
chefs , et ne prend aucune part aux changemens intérieurs des états.

CLXXIX.

Elle protége la balance de l'Europe , et
se lève en masse pour la conservation de
son territoire et le maintien de ses droits.

CLXXX.

L'empereur conserve avec les nations les
rapports de bonne intelligence et d'harmonie. Il a droit de déclarer la guerre lorsque ,
le sénat et le tribunat ont jugé , dans la

forme des lois, que les droits de la France sont méconnus, et que le redressement des griefs est refusé.

CLXXXI.

L'empereur a également le droit de faire la paix : elle doit être ratifiée par le sénat.

CLXXXII.

Il fait aussi des traités de commerce ; mais ils ne sont définitifs qu'après avoir été discutés et approuvés dans la forme des lois.

CLXXXIII.

Les français terminent leur pacte en formant le vœu d'une confédération générale entre toutes les puissances de l'Europe, pour éteindre les différends qui pourraient s'élever entre elles ; régler les rapports de nation à nation, d'après des principes fixes et invariables, et détruire à jamais le fléau de la guerre : fléau barbare, aussi désastreux pour les peuples, qu'indigne des lumières du siècle et de l'état de civilisation de l'Europe !

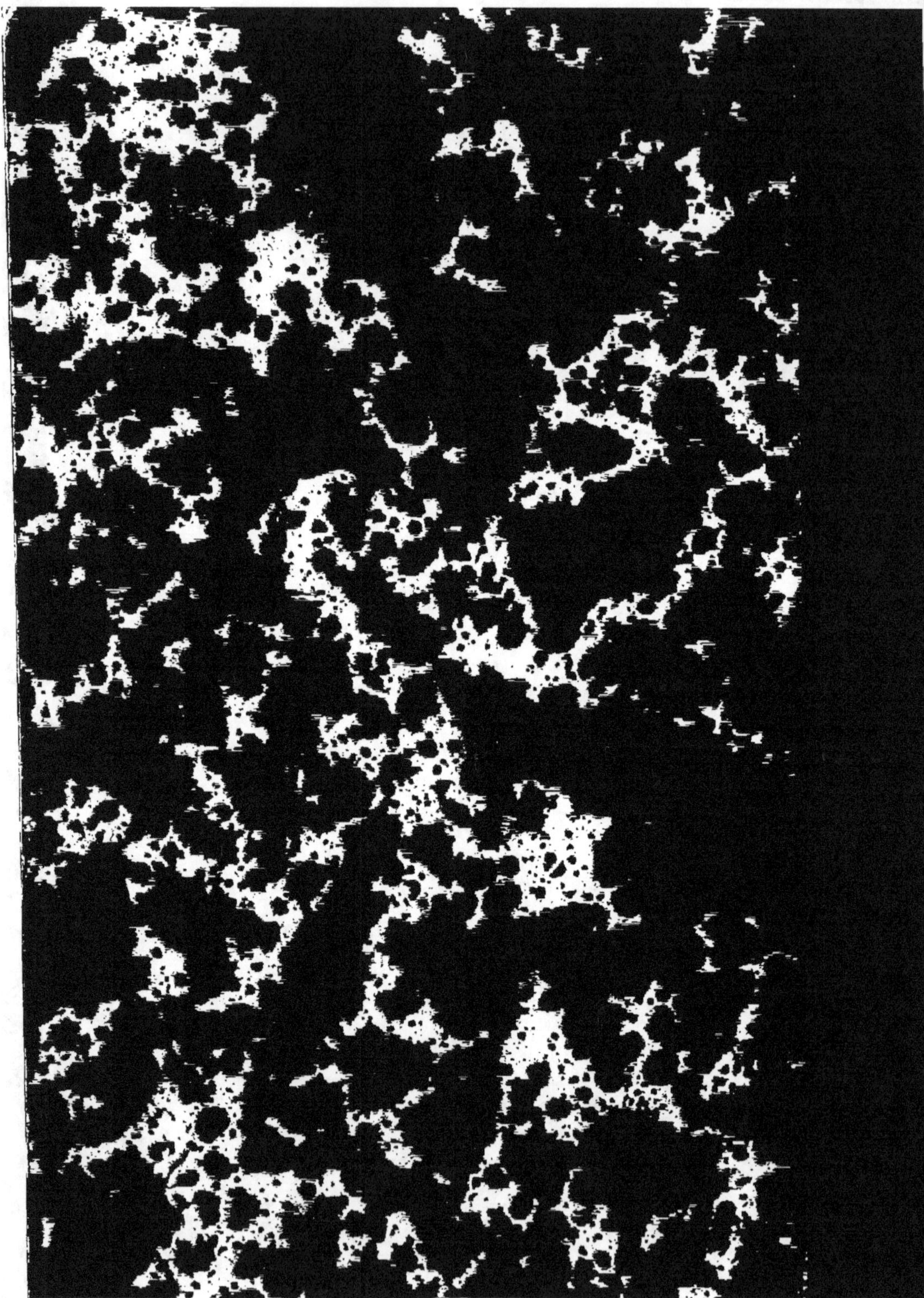

www.ingramcontent.com/pod-product-compliance
Lightning Source LLC
Chambersburg PA
CBHW061245050726
47594CB00004B/1375